Der Autor

Erich Rauschenbach, Jahrgang 44, ist freiberuflicher Zeichner für verschiedene Zeitungen und Zeitschriften und veröffentlichte zahlreiche Bücher. Folgende Titel liegen im Wilhelm Heyne Verlag vor:
Kann denn Fünfzig Sünde sein (01/10063) und *Traumfrauen* (01/10307).

Erich Rauschenbach

Cartoons

WILHELM HEYNE VERLAG
MÜNCHEN

HEYNE ALLGEMEINE REIHE
Band-Nr. 01/13254

Umwelthinweis:
Dieses Buch wurde auf chlor- und
säurefreiem Papier gedruckt.

Taschenbuchausgabe 2/2001
Copyright © Eichborn GmbH & Co. Verlag KG, Frankfurt am Main, März 1999
Wilhelm Heyne Verlag GmbH & Co. KG, München
Printed in Germany 2001
Umschlagillustration: Erich Rauschenbach
Umschlaggestaltung: Nele Schütz Design, München
Gesamtherstellung: RMO Druck, München

ISBN. 3-453-17800-9
http://www.heyne.de

Pro-log

Vierzig – na gut.
Jetzt bin ich erwachsen
und ein Mann im
besten Alter. „In
der Blüte meiner Jahre"!

Beruflich bin ich einiger-
maßen gesichert. Der
große Druck ist weg.
Mit 40 gehört man
zu den potentiellen
Machtträgern in
Politik und Wirtschaft.

Irgendwie bin ich kein
schlechter Typ! Manche
Frauen finden mich jetzt
attraktiver, denn je –
ich bums nicht mehr
so oft wie früher, aber
dafür besser. Es lebe
die neue Partnerschaft!

Sex ist nicht mehr alles.
Nieder mit der Diktatur
der Triebe! Endlich
hab ich Zeit und Muße,
mich auf anderes zu
konzentrieren und
bewußter zu genießen.

Jetzt hab ich Zeit zum
Nachdenken und für
meine brachliegenden
Qualitäten. Wenn ich an
Chaplin, Picasso, Casals,
Karajan denke – jetzt
geht's erst richtig los!

Prost, Alter!

Contra-log

Vierzig - ach du Scheiße! Jugend ade! Mindestens die Hälfte des Lebens ist futsch! Wenn ich jetzt nicht aufpasse, gehör ich ganz schnell zum alten Eisen!

Beruflich bin ich ziemlich festgefahren. Viel Neues läuft nicht. Routine, Routine. Und Politik? Igittigitt. Früher, da war noch Power, da wurde was bewegt!

Gott, was hab ich früher gevögelt! Naja, schwamm drüber. Und alles wird schlaff und schlaffer! Haarausfall! Rettungs-ringe! Wehwehchen! Der Krebs ruft!

Langsam drängelt's! Viel ist nicht mehr drin. Das Wichtigste ist eigentlich gelaufen. Einszweidrei im Sauseschritt..

Jetzt ist es zu spät, um nochmal ganz von vorn anzufangen! – Mozart! Raffael, Chopin! Baude-laire! Nicht mal 40 sind die geworden. Und was die gebracht haben...

Ex, Alter!

Komm, hör auf, es hat echt keinen Zweck
Nochmal geht's wirklich nicht.
Natürlich geht's. Laß mich mal machen.
Wetten, daß nicht?
Wetten, daß doch?
Okay, die Wette gilt.

Als Kind habe ich immer davon geträumt, später mal allen Menschen zu helfen...

Ich beschloß, so viel wie möglich zu lernen, um eines Tages auf alle Fragen dieser Welt eine Antwort zu wissen...

Also habe ich rund um die Uhr gelesen, war ein fleißiger Schüler, habe erfolgreich studiert und mit Auszeichnung promoviert...

Meine Eltern, Freunde, Kommilitonen und Professoren haben mir eine große Karriere vorausgesagt...

Und heute kann ich rückblickend feststellen, daß mein Berufswunsch tatsächlich in Erfüllung gegangen ist...

Seit Jahren kommen täglich Hunderte von Menschen zu mir und wollen nichts als meinen Rat...

Wo gibt's Regenschirme?

Dritter Stock links.

Eigentlich müßte ich zufrieden sein...

AUSKUNFT

AUSKUNFT

Nee, danke, du, ich rauch nich mehr. Krebs und so...

Bier trink ich auch nich mehr. Das macht dick.

Wein auch nich. Überhaupt keinen Alkohol mehr.

Essen tu ich nur noch wie'n Spatz. Vor allem kein Fleisch mehr.

Auto hab ich auch abgeschafft. Von wegen Umwelt...

Und Urlaub mach ich nur noch zu Hause. Ist doch nix mehr sicher: Flugzeugabstürze, Eisenbahnunglücke, Schiffskatastrophen...

Und überhaupt: Welches Land ist denn noch sicher? Überall Bürgerkriege, Seuchen, Vulkanausbrüche, Erdbeben, Überschwemmungen...

Aber irgendwas mußt du doch machen — treibst du Sport?

Bist du wahnsinnig? Kennst du auch nur einen Sportler, der sich noch nie verletzt hat?

Und was ist mit Sex? Machst du denn wenigstens noch Sex?

Spinnst du? Bei dem verschärften Gesundheits- risiko heutzutage? Ich will doch nich krepieren!

Dann bist du bestimmt auf Drogen, oder? Rauchst du Shit? Oder kokst du? Oder...

Drogen? Nicht mit mir!
Ist doch Selbstmord
auf Raten.

Weißt du, was ich
machen würde,
wenn ich du wäre?

Ich würde mich in mein
Kämmerlein zurückziehen,
die Tür zuschließen und
hoffen, daß alles ganz,
ganz schnell vorbeigeht.

Ist doch Quatsch,
ey...

ich will doch noch
was vom Leben
haben.

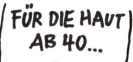

Wußtest du eigentlich,
daß es noch gar nicht
lange her ist, daß ich
auch mal Löckchen hatte?

Wahnsinn, wie originell und unkonventionell sich die jungen Leute heutzutage anziehen...

Wenn ich heute nochmal ganz von vorn anfangen könnte, würde ich wahrscheinlich alles ganz anders machen...

Gottseidank ist das unmöglich.

Mein Freund Kurt hat mit 40 seinen Beamtenjob hingeschmissen, hat mit Kredit eine Firma gegründet und ist jetzt pleite und mit Fünfhunderttausend verschuldet...

Walter heiratet am laufenden Band Zwanzig-jährige, aber alle laufen ihm nach kurzer Zeit wieder weg, und er muß zahlen...

Wilhelm hat sich für ein Jahr beurlauben lassen und ist nach Südamerika. Dort haben sie ihn überfallen und all seine Klamotten geklaut...

Und Günter hat vor einem Jahr Job, Frau und Kinder verlassen, ist nach Afrika, um dort Daimlers zu verscheuern und ist letzten Monat dort elend verreckt.

Und was ist jetzt Ihr Problem?

Bei mir läuft alles ganz stinknormal.

Willst du die Wahrheit hören? Die reine Wahrheit?
Ich hab' die Schnauze gestrichen voll! Bis hier!
Am liebsten würde ich abhauen und ganz allein nochmal von vorn anfangen!
Mein Gott, dann tu's doch einfach!
Eine große Hilfe bist du mir aber auch nicht gerade.

Epi - log

Über Paare und über Leute,
die sich paaren wollen

Scott Adams

»Die Welt hat einen neuen
Management-Messias!«
WIRTSCHAFTSWOCHE

Entdecken Sie eine Welt
(Ihr Büro!) voller Gefahren
(Kollegen, Chefs und
Konferenzen).

01/13015

HEYNE-TASCHENBÜCHER